JN411206

달아공원에 달아는 없고

이달균 시집

가히 시인선 003

달아공원에 달아는 없고

이달균 시집

가히

시인의 말

하루해
짧다 해도
길다

한 생애
길다 해도
짧다

물음표에서
느낌표로

오늘은 또
말줄임표로

2024년 5월
이달균

차
례

제2부

제3부

제4부

제5부

제1부

펀드매니저

악어라 불리는 사내가 있었다
눈빛은 달빛에 벼린 칼날처럼 차가워
냉철한 포식의 순간을 숨죽이며 기다린다

주파수는 언제나 낮은 곳을 향한다
모였다 흩어지는 개미들의 두런거림
이빨이 자라는 만큼 귀도 함께 자란다

모니터에 찾아온 악어새를 데불고
낮고 느린 음악에 생각을 데우며
고요한 늪의 시간을 묵상으로 이끈다

드디어 장이 선다 먼지가 밀려온다
지축을 흔드는 누 떼의 움직임
벼려온 칼을 던져라 과녁이 바로 여기다

정진精進

늪은 태초부터
청산을 그려왔다

하지만 단 한 번도
같은 풍경은 없었다

나날이
새로워지는
노화가老畵家의 캔버스

손편지

시계를 안 본 지 일 년이 되어가네요
손목이 가늘어지니 자꾸만 미끄러져
서랍에 넣어둔 것이 벌써 지난가을입니다

환자복 입은 햇살이 시한부를 사는 오후
그녀의 손편지에 지문을 그려 넣다가
불안한 기침에 지는 구절초만 바라봅니다

창을 기어오르는 곤충이 기울 때마다
한기는 겨드랑이에서 등으로 옮겨가고
며칠째 변비를 앓는 가을비가 스산합니다

그러거나 말거나

골목길 미용실에선 수다꽃이 피었습니다

커트가 어떻고 파마는 또 어떻고

한참을 기다렸는데도 끝나지 않습니다

어제는 모종비, 오늘은 가루비

미용실 앞 작은 텃밭엔 강냉이 새싹들이

이모들 그러거나 말거나 세상 구경 한창입니다

풋눈

설핏 눈이 내렸고, 낮잠에 빠져들었다

잠이 깰 때까지 전화는 오지 않았다

마침내
사랑이 끝났다
막이 내린 것이다

후투티가 오는 저녁
—LP음악카페 뱅뱅에서

콧수염의 주인이 돈가스를 만들고
엊그제 들여온 포도주를 거를 때
저만치 메타세쿼이아도 잠시 숨을 고른다
후후훗! 하고 운다는 새 이름 후투티
커피와 음악이 무료해지는 늦은 오후
돌아온 인디언처럼 화관무花冠舞를 시작한다
갈아둔 이랑을 뛰어다니는 음표들
그 콩나물 대가리를 연신 쪼아먹다가
갸우뚱, 철새임을 잊고 사람과 눈을 맞춘다
노을이 시나브로 어둠과 몸을 섞어도
추장의 몸짓은 끝나지 않는다
대지의 신께 바치는 거룩한 제의祭儀의 춤
밥 딜런을 생각하다 존 덴버를 말하는
60대의 간이역을 깜박이는 기억들
후투티, 너의 GPS를 입력하며 길을 나선다

환여동 바다

—윤석홍 옛집

다 젖은 머릿결로 바다가 찾아와
들어가도 되겠냐고, 속살이 궁금하냐고
그렇담 같이 누워줄게
나도 조금 젖었으니

아침에 깨어보니 바다는 언제 갔는지
마당엔 발자국만 하얗게 남아 있었어
행여나 친구가 볼까
황급히 쓸어버렸지

봄 노래

봄 간다 섬섬옥수 썰물도 쓸려간다

대섬엔 까투리 바위섬엔 산노루

절창에
노을이 운다
충혈의 낮달 진다

2월 바람

껑충! 키 큰 바람이 2월을 걸어온다

처음 신은 하이힐의 낯설고 어색한 보행

그녀가 혹여 다칠까 천천히 봄이 따라온다

오래 뜨고 지다 관절 꺾인 별빛이 둘

영등影燈 올려라 영등* 밝혀라

윤이월 초하루 밤을 길 잃고 울지도 몰라

---

* 영등影燈: 소원 빌며 하늘에 띄우는 다양한 모양의 종이연.

달아공원에서

어제 한 화가의 부음訃音을 들었습니다
코끼리 어금니를 닮았다는 바닷가
내 안의 나이테를 헤며 가만히 걸어봅니다

딱히 추억할 일도, 버려야 할 무엇도 없이
적막에 기대어 이름 불러보지만
세월은 너무 견고하여 몰입은 쉽지 않네요

안개인가 어스름인가 섬들 지워지고
둔탁한 생각들이 발끝으로 밀려날 때
태양은 시한부로 지는지 붉음을 더해가네요

바람의 반대편으로 이주하는 새들은
비진도 어느 깃 접을 숲이나 봐두었는지
선두의 힘찬 날갯짓이 이른 밤을 재촉합니다

해진 마음이야 이쯤에서 기워야겠지만
밀물의 거리를 재는 달빛이 밀려들어

일몰은 늘 하는 일인 양 어둠을 불러옵니다

---

*달아공원: 경남 통영시 산양면에 있는 공원.

블라디보스토크에서

배부른 과일의 상처를 닮아 가는
향기로운 날들을 애써 외면하고
저만치 허기를 앓는, 조금 먼 객지의 밤

옆방에서 누군가 詩를 갉아 먹는다
외로움이 즐겁다 너무 오래 굶주리지 않아
보드카 한 잔을 부어 화형식을 거행한다

적당히 온기를 재는 시인의 체온계를
불꽃이여 차갑게, 더 냉정히 응징해다오
뜨거운 얼음 성벽에 유폐된 내 안의 나

무학산

누구도 무학산舞鶴山에 학이 산다고 믿지 않는다

하지만 한 삼십 년 이 산을 오르다 보면

어느 날 겨드랑이에 돋은 날개를 만질 수 있다

전설

시월 하고도 상달上達 즈음, 거룬강 십리월주를

걸어서 건너간 한 노인이 있었다

강물은 달빛을 지우고 발자국도 함께 지웠다

예순의 숲

키만큼의 낙엽이 지고, 그런 만큼 아파하고
성근 갈대처럼 서서 자는 이 잠을
그들은 예순의 숲이라 이름 지어 불렀다

폐 정미소 지붕 위에 그려진 새털구름
방금 기찻길에 핀 여린 구절초처럼
서늘한 시간의 냄새는 거기 머물러 있으리

해바라기와 장마

태양과 작별한 날들이 길어졌습니다

눈먼 이의 귓바퀴가 넓고 둥글어지듯

젖어서 목만 길어진 그리움이 한 짐입니다

나 아니면 이런 그댈 누가 사랑해 줄까?

장마에 발목이 젖어 서서 자는 해바라기

썼다가 찢어버리는 못갖춘마디 한 소절

제2부

친구를 위한 詩

천천히 걸어보게 시간은 너의 편이야
마지막 음악은 그리 쉽게 끝나지 않아
고독한 월계관을 쓸 날도 그리 멀진 않았어

지상의 끝까지 뛰어본 마라토너도
십자가를 진 사람도 종말을 말하진 않아
얼마쯤 걸어왔느냐고 가끔 묻긴 하겠지만

언젠가는 보청기에, 커피를 쏟는 일도
채널을 이리저리 돌리지 않을 만큼
담담히 오늘을 건너는 연습이 필요하지

궁금하지 않다는 건 참 다행한 일이야
어제 누굴 만났는지 무슨 책을 읽었는지
그렇게 물음표보다 느낌표로 다가가야지

낮달

통도사 봉발탑 기지개 켜는 것 보니

스님들 공양 시간이 가까웠나 봅니다

하늘엔 누가 낮달을 베어 먹고 있습니다

차이

시인의 마음은 조금 달라야 한다

시인의 눈빛도 조금은 달라야 한다

시인이 듣는 빗소리도 아주 조금은 달라야 한다

소월素月 생각

무학산 진달래 따다
평안도 소산素山 간다

봄 한 짐 떠메고
혼자 마냥 걸었더니

옛 시인
마을 뒷산엔
봄빛 아직 일렀더라

---

*소산素山: 소월 살던 마을 뒷산.

화석

작별이라 손쉽게 말하지 마세요

고대의 물고기도 가시째 돌에 박혀

"나 여기 살았었노라!" 말하지 않던가요

돛

바람의 반대편에 서 있고 싶은 날엔

뒷걸음으로 가는 배를 볼 수가 있습니다

사람과 거리를 두자 비로소 섬이 보입니다

북극성

한 번쯤은 하늘에서 길을 잃어보라

전설이 되고 싶다면 너의 객석을 향해

거울을
던져버리고
침을 뱉고 떠나라

반달

기차 보러 갔다가 혼자된 날이었습니다

절반쯤 몸이 닳아버린 남루한 시골 달이

구름재 무사히 넘으라고 늦도록 비춰주었습니다

구차한 변명

달 위를 흐르는 강물의 유속에 맞춰
천천히 걸어왔다 관조 혹은 여유!

변명은
늘 구차하다
종착역이 바로 저긴데

파초

바다를 열어 두어도 갈망의 배 오지 않는다

문밖엔 가방을 멘 껑충한 파초 한 그루

황급히 달려왔는지 발목이 부어 있다

섣달그믐

언 숲에 묻어두고 갈 詩 한 편이 있는가?

비가悲歌를 쓰지 못한 비운의 시인에게

오늘도 장수하늘소는 찾아오지 않는다

소녀, 봄을 찍다

꽃 진다 꽃처럼
표표히 어머니 진다

검은 상복 위로
떨어지는 벚꽃잎

떠난 후
남겨진 이들도
꽃다워
봄을 찍는다

백일홍 3

기차는 오지 않는다
기다림이 끊어졌다

오래 녹슨 레일과 안장 없는 자전거

저 홀로 폐역 지키는
나무의 눈이 붉다

찔레꽃

찔레꽃 보러 가자던 그녀는 이제 없다

다음에, 다음에 하며 미루고 미뤘더니

한 몇 해 사정도 없이 봄은 떠나고 말더라

올해도 들찔레 무덤처럼 찬란한데

찔레 보러 가자는 사람은 간데없고

나 혼자 꽃향에 취해 긴긴 봄을 걸어가네

제3부

역병

—난중일기 20

통제공 분부대로 천기 살펴보니

사람 일이야 밤낮으로 방비하여 귀선龜船, 판옥선板屋船 채비도 튼튼하고, 군량이며 화살촉도 착실히 쟁여두어 한시름 놓았으나 무릇 근심됨은 경자년 하늘 드리운 어둡고 습한 기운, 대국에서 비롯되어 황하 건너뛰어 봉쇄령에도 아랑곳없이 기세 외려 등등하니 이 난이 진정 난중의 난이 아닐까 시름 깊어지옵니다

봄 가고 다시 두 계절, 천지간이 구름입니다

칙령勅令
—난중일기 21

오늘도 화급한 마차 요란히도 달려간다

혜민서 의원들은 동의보감東醫寶鑑, 의방유취醫方類聚…… 온갖 의서 펼쳐놓고 궁리란 궁리 다 했으나 묘약은커녕 이렇다 할 묘책 없어 발 동동 구르는데 환자는 늘고 의녀醫女도 모자라 겨우 처방이라 내놓은 것이 임금 체면에 도시 입에 올리기도 민망한 칙서라니

"묻지도 따지지도 말고 입마개를 하시오."

해운대
—난중일기 22

고운 선생께선 천년이 지난 지금도

가끔 이곳에 와 바다를 보신다

그들은 너무 바빠서 오신 줄도 모른다

수평의 방에서 수직으로 잠드는

위험한 꿈길을 새들은 잘도 나는데

오늘은 바다도 좋지만 몰운대나 보고 가자

어느 마지막 포수의 말
—난중일기 23

그렇게 마지막 포수가 죽었다. 제 나이는 몰라도 범 잡은 숫자는 알던, 걸어둔 사냥총 보며 숲으로 돌아갔다.

유자는 얽어도 사또상에 오르고 탱자는 고와도 개똥밭에 구르는 법. 썩어도 준치란 말은 여게 꼭 들어맞지.

화승총 쓰는 법을 가르쳐준 어른께선 호랭이는 영물이니 잡는다는 말보다 받들어 뫼신단 말로 경계를 삼으라 했어.

산삼도 산신께 빌어야 만난다는데 몇 날을 눈으로 닦고 허기에 지치다가 처음 본 조선호랭이는 날 미치게 만들었지.

고라니 멧돼지 아무리 많아도 호랭이 없는 산이 무슨 산이관대. 백두가 백두인 것은 그들이 살기 때문이야.

통일은 호랭이를 만나는 것이지. 사람이야 까짓거 올라면 오것지만, 짐승이 철조망 뚫고 올 재간이 있것는가?

빌어먹을 화포들 엿 바꿔 먹고 나면 그들 걸음으로야 한나절이면 내려오지. 숲 깊지, 사계절 좋지, 먹을 것 지천이지.

저 화승총 화약 한번 못 쟁이고 가네마는 호랭이 포수로 산 반생이 전 생애니, 난 가네 죽어 거죽이 된 그 영혼에 입 맞추러.

그렇게 마지막 포수가 죽었다. 함경도라 길주 명천, 두만지괴豆滿地塊도 아득하다. 태평령 능선을 넘어 그려낸 대동여지도.

대꽃

—난중일기 24

죽창 거두시고 꽃으로 벌하였으니

준엄한 신의 형벌 달게 받겠나이다

절개를

지키지 못한

한 가문의 멸문지화

빗방울

—난중일기 25

악착같이 살아남으려
구름이 되었습니다

젖은 몸이 무거워
쏟아져 내렸습니다

강물에
곤두박인 것이
불행 중 다행입니다

사궁두미*

—난중일기 26

왁씨글 득씨글 숭어 떼가 돌아왔다

밀려온 바다도 이제 더 갈 곳 없어

물결은

죽을 둥 살 둥

궁리에 또 궁리 중

---

*창원시 마산합포구에 있는 해안마을.

가장자리

—난중일기 27

예전엔 가운데가 편한 줄 알았습니다

이젠 슬그머니 가장자리로 갑니다

꽃들이 왜 숨어 피는지 조금씩 알아갑니다

질문
—난중일기 28

구름에게 물었다 넌 무엇이 되고 싶은가

한순간 장쾌히 소낙비로 달릴 것인가

진종일 궂은비 되어 마른 벌판에 스밀 것인가

장송長松의 말

—난중일기 29

날 베어 여항산餘航山 다함 없이 편해진다면
눈 밝은 최 목수 네 눈길에 사로잡혀
산지니 울어서 붉은, 눈물 속에 나는 가리

언제는 산에 기대고 또 언제는 강에 물으며
낙동정맥 한 허리를 꼿꼿이 떠받히며 예까지 왔느니 설마하니 선 굵은 나이테, 아름드리 장송을 하룻밤 뉘집 구들을 데울 뗄감으로야 쓰겠느냐 왕조의 누대 받드는 대들보 아니어도 칠석날 은하를 가로지른 오작교 아니어도

재선충, 그 역병의 중산간을 죽음으로 지키리라

순교

ㅡ난중일기 30

맹렬히 달려와 부딪쳐 죽는 새들

하늘엔 오직 하나의 길이 있을 뿐이다

스스로 죽을힘 다해 떠나온 너의 최후

잡목
—난중일기 31

나는 잡목이다 잡초밭에 벌로 자란,

잔가지 쉴 새 없이 꼬드기는 남실바람

치마를 들었다 놨다 이 손장난을 어찌할꼬?

좌로 불면 좌로 쏠리고 우로 불면 우로 쏠리는

제맛을 갖지 못한 잡탕들의 조리돌림

원근의 왼갖 잡새들 지지배배 놀다 간다

개밥에 도토리

—난중일기 32

그래 난 '개' 氏다
개살구에 개뻑다구

꿈마저 개꿈에다 재물은 개털이요 인생은 개뿔이라, 악쓰고 외쳐봤자 개소리에 개나발, 아서라 옆집 개는 서방보다 윗질이며 집안 서열 첫째인데, 옳거니! '개' 氏는 위대하다 개밥에 도토리들아 개다리소반에 밥 올리고 조아려라

성차별 역차별 넘어
원죄적 차별이 있다

바람
—난중일기 33

신의 뜻에 따라 선율을 다뤘습니다

때로는 몰아치고, 때로는 어루만지며,

명령을

받드는 자에게

은퇴란 말은 없습니다

박물관에서
—난중일기 34

고대도시를 돌아온 세월을 만났습니다

경직된 손끝이 파르르 떨렸습니다

남몰래 시간을 훔치는 도적질이 짜릿합니다

합강정合江亭 귀거래사歸去來辭
—난중일기 35

임진 정유 지긋지긋한 환란도 끝났으니

다 털고 귀향하여 묻힐 일만 남았다네

두 강물 하나 된 곳에 여생을 묻으리라

잘 말린 나무에 각자공刻字工은 글 새기고

권커니 잣거니 한 잔 술에 젖다 보면

낙동강 옅은 수심도 더 깊어져 흐를지니

버려진 역기力器

—난중일기 36

끊길 듯 끊기지 않는 등산로 한 기슭
넝쿨을 걷어내자 어린 곰처럼 웅크린
버려진 역기와 아령, 긴 침묵을 만났다

햇볕과 바람에 잎새들 짙어질 때
천천히 녹슬어 간 묵중한 시간의 켜
손으로 온기를 전하면 쇳덩이도 깨어날까

삶의 무게보다 무거운 기구들을
들며 지며 이곳까지 옮겨온 그는 벌써
무너진 무덤의 주인이 되었는지도 모른다

누군가를 떠올리는 하산길은 즐겁다
역기란 몸의 부피를 키우기도 하지만
때로는 상상의 근육을 키우기도 하니까

제4부

바람 노래
—난중일기 37

촉석루矗石樓 떠돌던 타령꾼이 있었다

거렁뱅이도 같고 투덜투덜 허튼소리나 해대는 투덜이도 같은데 들어보면 통 들을 구석 없지도 않은 사내의 말인즉, 논개바우에 앉아서 지리산 쌍계곡雙溪谷 수박 향 난다는 은어 물장구치는 소리라도 들을 줄 알아야 시인이지, 진주난봉가 부르는 아낙네 소릿결도 읽을 줄 모르면서 문장을 한다고……쯧쯧!

화들짝
놀라 깨어보니
한 줄기 바람만 둥둥

허언虛言, 강선덕님 왈
—난중일기 38

옛말도 시방은 다
허언이 되어간다

처서 지나면 모기도 입이 돌아가고 까마구 대가리가 벳겨진다 했거늘 한로寒露 지나 상강霜降이 낼모렌데 한 굽이만 걸어도 등때기에 땀방울 범벅이니 내 흡사 월남에서 작전할 때 쏟아지는 고엽제도 마다 않던, 그 미치고 환장할 날들의 가렵고 질척이는 아열대 낮은 하늘이 스믈스믈 오고 있어

능금은 북에서 익고
솔가쟁이는 나자빠지고

문답

—난중일기 39

지는 별의 유언을 들은 적 없습니다

지고 새는 바람의 깃을 본 적도 없습니다

생각의 잔가지 위에 햇살이 놀다 갑니다

의義

—난중일기 40

단도로 손가락을 잘라버리고 싶었다

그를 향한 전언傳言, 그를 향한 필설筆舌

맹서가 다 무엇이랴 하늘도 무너지는 것을

물거품

—난중일기 41

바다의 입꼬리, 허연 포말이 경전이다

어디서 태풍이 일고, 또 어디서 별이 지는지

거대한 은하의 일을 물거품은 일러주신다

또랑광대의 노래
—난중일기 42

아서라 말아라, 넘지 못할 경계라면

詩도 그렇고 사랑도 그렇고, 물구나무서서 걷는 인생도 그렇더라. 알량한 이름값에 어전광대 흉내 내며 줄줄이 줄 세우고, 줄 태우고 흔들흔들, 차라리 난장판에 엉덩춤이나 추고 말까, 외줄 타고 재담하는 엿판 굿판 너름새에 목청껏 외쳐보는 애호박 단호박 같은 또랑광대면 또 어떠리. 못 배운 광대 집안에 국창 나기는 언감생심

아서라
꿈도 크게 꾸면
가위눌려 낭패 본다

트집잡기
—난중일기 43

긍게 제대로 된
갓 하나 만들라치믄

첨부터 요노무 트집, 트집을 잘 잡아야 허는거여. 멀쩡한 사람 곤죽 만드는 생트집이 아니라, 멋거리 진 갓 하나 붙들어 맬라치믄 평민갓이든 진사립이든 일단은 양태를 단단히 잡아야 허는데, 이 지난한 공력 멕이는 일이 그리 쉬울관대. 애초에 무녀리나 얼간망둥이 같은 놈한테 배우다 보믄 산통 다 깨지고 마니, 시방 이 모양 원만히 익히려믄 암만, 선생 같은 선생을 만나야지. 대나무실 가닥가닥 꼽사리 끼워 엮은 후, 감쪽같이 둥근 틀 우에 갓 모양 잡는 일이 바로 트집잡기란 말씀, 여기서 삐끗하믄 이도 저도 아무것도 안 되니 한 몇 년 죽었다 하고 혼불 지필 각오나 하더라고.

후회할
생각 들거들랑
당장에 그만두든가

변립卞岦, 적석산에 마지막 말을 이르다
— 난중일기 44

진달래 붉다 못해
산불인가 하였더니

어쩔거나, 손부채로 해 가리니 아뿔싸! 해역 연한 낮고 높은 산마루, 마루마루 이어진 능선길엔 대낮 하늘 오르는 봉홧불이, 어질어질 정유년 어질머리 봉화로다 아비규환의 환란이다 엊그제 통제공, 백의라 종군 길에 모친상 변고에다 아들 면葂도 황망히 이승 하직하였더니 설상가상雪上加霜에 전호후랑前虎後狼이라, 그래도 부릅뜬 눈 하늘 바라 대업大業에 나섰으니

누구라
그 굳은 절의에
동참치 않으리오

소자 또한 엄친嚴親 따라
무딘 칼 버린 후에

당항포 격랑에 이 한 몸 바치고 말 것이니 보아라 켜켜이 쌓인 저 돌산을 보아라 시루떡처럼 쌓아 올린 돌일지언정 배 고프거든 저 봉우리라도 바라보며 견디어라 부디 견디어라 땅은 비 온 뒤에 굳어지고 떡고물은 칠수록 고와진다 하였거늘 어찌 세월은 흐르고 흘러도 이 모양 이 꼴인지 혹여나 당항 바다 떠도는 꽃 한 송이 만나거든

적석산 어디쯤 사는
변 아무개인 줄 알아주오

독거
—난중일기 45

혼자 밥 먹고, 혼자 영화 보고

혼자 등산 가고, 혼자 잠잔다

난 가끔

혼자 놀지만

매일 혼자인 이가 있다

나랏말싸미
―난중일기 46

나랏말싸미 듕귁에 달아 얼마나 다행이냐

이 어린 백성이 니르고져 홇베있어

한 세상 글줄이라도 쓰며 살고 있으니

토끼의 점령
—난중일기 47

한 번도 점령군을 꿈꾼 적 없었지만
광활한 캥거루의 나라, 그들의 초원을 향해
여리고 평화로운 전진은 조용히 계속되었다

멋모르는 아프리카의 흑인들을 그랬듯이
우리도 배에 태워져 바다 건너 이곳까지
사냥용 미끼가 되어 이 대륙에 버려졌다

하지만 살아야 한다, 살아서 버텨야 한다
포식자의 이빨 아래 살아남는 전략이란
아들이 아들을 낳고 다시 낳는 순기능뿐

그러나 어찌 알았으랴 그 소리 없는 전진이
무자비한 파괴자, 점령군의 발굽인 줄
무수히 떼로 맞서는 방어가 공격이었음을

---

*160년 전 사냥용으로 들여온 토끼가 호주의 초원을 점령하여 생태계 파괴의 주범이 되고 있다.

흑룡강 하구

—난중일기 48

아버지의 스무 살, 그예 얻어온 건
야윈 늑막 울리는 가래 끓는 소리뿐
북만주 개장수처럼 바람은 남루하다

눈 치우는 사람들 집으로 돌아가고
날 선 별이 두엇, 길은 자꾸 적막하여
당신의 청춘일랑은 끝내 찾을 길 없다

찢어진 다짐이었나 얼비친 눈물이었나
달려온 시간은 입춘 근처에 멈춰선 채
흑룡강, 녹았다 다시 어는 굳은살을 바라본다

이제 그만 돌아가자 두고 온 남도의 봄
철조망 녹여 만든 쟁기로 밭을 갈고
그 장단 노래에 맞춰 단칸살림을 시작하자

백석, 통영에 와서

—난중일기 49

난蘭이 떠난 빈 도시를 그저 하릴없이
갓 만드는 집으로, 적막한 어장으로
귀 닮은 소라껍데기만 매만지며 걸었다

오색 깃발 걸고 진수식 하는 포구엔
시든 빨래처럼 줄미역만 말라간다
오늘 난, 詩도 어렵고 사랑은 더 어렵다

물설고 낯설어서 얼마나 다행이냐
육로로 가면 천리, 뱃길로 가면 만리
물살은 왕배야 덕배야 빈 배만 채근하고

만나서 못할 말을, 못 만나 못했으니
이 또한 행운이라 다독이고 떠날밖에
지나는 자전거 소리에 괜스레 유월이 춥다

인공지능
—난중일기 50

시심詩心 바닥나 의사와 면담했더니

상상력 칩 하나 몸에 심어 주더군

의술의 혁명적 진화, 예견된 시인의 미래

비빔밥
—난중일기 51

극우성향 A씨와 극좌성향 B씨와 함께

화기 애매하게 밥을 먹는다

비벼라, 비빔밥이 있어 또 하루가 든든하다

탑바위

— 난중일기 52

간절하다고 다 하늘을 향하지는 않는다

강물 향해 아래로 뿌리내린 탑이여

별들이
알던 사연을
이젠 그들도 안다네

우리들의 제국
—난중일기 53

기록되지 않은 것은 바다가 기억한다
그때 그곳에선 상한 음식 냄새가 났고
정오의 햇살 아래서도 놀빛으로 출렁거렸다
가포 해수욕장이 마침내 폐쇄되었고
나의 노래들도 금지곡이 되었다
왜일까, 내가 사랑한 것은 왜 금지되고 마는가
설탕의 천으로 가린 검붉은 소금꽃 위로
바람은 몰개성의 한 시절을 저격한다
부패한 바다를 노래한 시인은 지금 없다
아무도 질문에 대한 대답은 하지 않았고
기록되지 않은 날은 수심 깊이 잠겨버렸다
우리들 제국의 역사는 그렇게 흘러갔다

제5부

밥무덤

너울이 이랑이라면 밥배나 불려줄걸

물 긷는 물동이엔 노을만 출렁이고

봉긋한 찔레 무덤은 고봉밥처럼 눈부시다

이팝꽃 조팝꽃은 왜 봄에만 피어나나

모 심을 땅이라곤 다랑논 몇 뙈기뿐

한평생 먹은 쌀말이 얼마나 될까부냐

밀기울의 땟거리로 물질 나간 첫새벽을

그예 하염없이 수평선 너머로 간

허기진 이녁을 위해 비손 또 비손하다

못의 운명론

난 지금 한 기구한 운명에 대해 말하고 있다

대가리 처맞으며 오작교가 되었는데

억울한 가해의 올가미를 벗어나지 못했다

사람과 소

허청허청 둑방길 걷는 둘은 참 닮았습니다

밥값도 못하는 얼치기 농사꾼이나

해종일 되새김질에 꼴값 못하는 못난 소나

설중매

눈길 밟고 사뿐
옷고름 풀고 봉긋

홍청興淸아 내 널 위해
사랑가를 불러주랴

이 한밤
너를 점지하노니
이 밤 더디 새오시라*

---

*고려가요「만전춘滿殿春」한 구절을 따옴.

7월

하늘은 어둡고 길은 적막하다
건장마 시작되는지 구름은 바다로 가고
며칠째 전화는 불통, 개들도 짖지 않는다

태풍의 핵을 걷는 젊은 기상학자여
그대의 평화는 유리그릇처럼 불안하다
누군가 그런 오후를 무참히 깨뜨려다오

화산 폭발하고 용암 쏟아지는
찬란한 파열음, 종말의 아비규환
어차피 천국행 차표는 내 것이 아니었으니

밤 하나 떨어졌을 뿐인데

툭! 하고 밤 하나

떨어졌을 뿐인데

개들 짖어대고

빙벽에 실금 가고

마침내 건넛집 새댁,

쑤욱! 하고 순산한다

깜박이

왜 이리 깜박깜박 잊을 때가 많은지

잠깐 깜박하면 영원히 작별인걸

며칠 전 좌회전 깜박이를 깜박한 이가 떠났다네

능소화

담장을 감싸주던 꽃잎은 누님 닮았다

여름 다 지나도 제자리서 나를 반기던

요즘은 치매를 앓는지 담장에 업혀 지낸다

함안 둑방

우리의 소풍은 둑방에서 시작되었다
어디서 출발하여 어디에서 끝나는지
키 작은
내 시선으로는
당최 알 길 없었다

이름을 붙이면 풀꽃은 내 꽃이 된다
이 꽃은 창수꽃, 저 꽃은 진욱이꽃
사월은
그렇게 깊어가고
지금도 내 곁에 있다

건초더미의 불꽃

난폭해진 어둠은 강둑을 내려온다

지난날의 선택과 밀려오는 늦은 후회

아무도 그 분별없음에 위로를 전하진 않아

기차 이미 떠나고 돌아오지 않는 저녁

마른 소실점 위엔 건초더미의 연기뿐

찬란한 폭설이 온다면 기꺼이 갇혀주리

햇살에 사라질 며칠이면 어떠랴

아무도 떠나온 별을 경배하지 않는다

거룩한 소진을 향해 내 한 줄기 불꽃이 될까

쥐오줌풀꽃

이 꽃들 이름은 언제 누가 지었나?

쥐 오줌 누는 소릴 들은 적도 없는데

나 원 참! 꽃 이름 부르며 쥐 오줌을 배우다니

어떤 부음

한 친구가 떠났다 장례식에 가지 않았다
해 지는 창가에서 맥주를 마셨다
빗장에
채워진 이름처럼
잊히고 말리라

어떤 날은 지난겨울 흩어진 눈발만 같고
다시 어떤 날은 못 지킨 약속만 같은
허랑한
신파조로 부르는
한 소절 노래만 같은

작별 인사

낙엽 진다고 나무는 울지 않는다

뭇별 진다고 하늘은 울지 않는다

작별은

오랜 신의 노역(勞役)

오늘도 꽃잎 진다

봄

꽃을 사랑하면 향기로워 좋고

차를 사랑하면 그윽해서 좋다

찻잔에

내리는 꽃잎

짧은 봄

긴 하루

이발소 최씨

저희 집엔 이십 년 단골손님만 오시는데요

올해 벌써 두 사람 발길이 끊어졌네요

짐작은 익히 가지만 물어볼 길이 없네요

의처증

밤새 북어처럼 아내를 조져놓고

빌어먹을! 이 아침 술이란 놈이 왜 이리 쓰디쓰냐 술 나발 불다가 그것도 마뜩잖아 술병 깨고 상 뒤엎고 어처구니 뽑아다가 맷돌로 메방 놓아도 가뿐 심정이야 일락배락

미친다
저 연놈 바람기
바람 잘 날 언제일꼬

해설

상상된 현실에서 캐내는 삶의 진실

김효숙(문학평론가)

현실을 떠난 사람은 없듯이 시도 마찬가지다. 고통과 상흔이 삶의 내용을 이룰 때 시언어는 바로 그 상흔에 의해 씌어진다. 『달아공원에 달아는 없고』에 실린 많은 시편들은 팬데믹에 묶여 있었던 고통을 체화한 듯 보인다. 고통에 처한 자는 그것을 벗어나기 위한 말을 하고, 마찬가지로 시인도 자신의 육체와 다름없는 언어를 붙들고 그 언어를 벗어나 부단히 새로워지려고 몸부림친다.

시작詩作에 관한 치열한 고민, 자기 성찰, 대사회적 발언을 담아낸 이 시집에는 서정과 리얼리티 감각이 첨예하게 배합되어 있다. 관념어로는 아포리즘을 피워 올리고, 화자의 직·간접 경험이 녹아 있는 서정에는 가늠키 어렵고 변화무쌍한 인간사의 음영이 드리워 있다. 표제시에서 보듯이 없는 것으로부터 있음을 유추하는 이달균 시는 덧없는 삶의 내면을 천착하면서 시작된다.

악어라 불리는 사내가 있었다
눈빛은 달빛에 벼린 칼날처럼 차가워
냉철한 포식의 순간을 숨죽이며 기다린다

주파수는 언제나 낮은 곳을 향한다
모였다 흩어지는 개미들의 두런거림
이빨이 자라는 만큼 귀도 함께 자란다

모니터에 찾아온 악어새를 데불고
낮고 느린 음악에 생각을 데우며
고요한 늪의 시간을 묵상으로 이끈다

드디어 장이 선다 먼지가 밀려온다
지축을 흔드는 누 떼의 움직임
벼려온 칼을 던져라 과녁이 바로 여기다

—「펀드매니저」 전문

이달균은 이전과 현재를 아우르는 감수성의 소지자로서 자신이 쓰는 글이 현대시조임을 잘 알고 있는 시인이다. 이전이 없다면 현재도 없는 이치를 순연하게 받아들여 시적 쇄신을 이어가는 그의 작업에서 돋보이는 점은 이전 것을 빌어 현재를 환기하는 방식이다. 이러한 맥락에서 언어의 경제적 운용에 적격인 시조 형식에다 이 시대에 편재한 갖가지 증상들을 압축해 넣는다. 백석의 마음이 되어 애인이 떠나간 통영을 배회하면서 인간의 감수성은 세대를 초월한다는 점을 보여준다든지, 충무공이 현신한 듯한 서른 편의 연작에서 이 인물의 영혼에 어린 고뇌를 현대 인물의 그것으로 치환하는 시적 전환에서 이런 점이 두드러진다.

뿐만 아니라 대사회적 풍자로까지 인식이 확장할 때 구사하는 재담은 우리에게서 가시 박힌 웃음을 이끌어낸다. 예컨대 시인이 호명하는 동물은 현대의 자본형 인간을 질문하기 위한 것인데 동물과 인간의 접합으로 인간의 동물성을 들추면서 자본 경제 체제를 동물 생태계로 바꿔내는 상상력은 특히 주목할 만하다. 시인은 포식자의 먹이로 활약하다 사라지는 비포식자들의 무덤을 보여주면서 자본 경제에 포섭된 채 살아가는 이 시대인이 잃어버린 삶의 가치들과 정감에 주목한다. 아울러 시인이 여타의 자연 현상을 끌어오는 것은 변화하는 세계의 면모를 제시한다는 의미가 있다. 이런 점은 특히 과거의 전란과 현재의 재난을 교차시키는 화법에서 특별한 성취를 보인다. 그러면서 과거-현재 간 간극, 세대 간 격차를 좁히는 화법으로 시조를 현시대의 서정 양식으로 자리 매긴다.

비상식이 시가 되는 이치

시인은 상식이 된 말은 채택하지 않는다. 백과사전식 정의를 쓰지 않고 그것을 전복하는 말하기만이 시가 된다. 유행어나 방송언어가 세태의 어떠함을 반영한다 할지라도 그것이 시가 되려면 의미의 내재화를 위한 형식실험이 요청된다. 시인이 시를 쓴다고 믿는 이는 시를 시인의 생산물로 보지만, 언어가 시를 쓴다고 믿는 이는 언어의 자의성을 말한다. 그런데 시조는 형식의 언어라는 점에서 언어의 자의성에 전적으로 의지한다고 보기는 어렵다. 시론이 곧 시이기도 한 이달균 시에서 시인은 "조금" 각별한 주체다. 시인의 마음과 눈빛, 그리고 그가 듣는 빗소리가 달라야 한다(「차이」)면서 이달균 시인은 매우 서정적인 지향을 보이기도 한다. 일부러 객지를 조성하여 낯설어진 환경에서 새로운 언어를 빚어내려 하고, "허기"와 "외로움"(「블라디보스토크에서」)을 불러들여 앓아 보기도 한다. 또 다른 시에서는 시와 시인을 매개하는 "장수하늘소"를 두어 이 곤충의 은유인 희귀한 시가 시인을 찾아오지 않는 정황을 말한다.

언 숲에 묻어두고 갈 詩 한 편이 있는가?

비가悲歌를 쓰지 못한 비운의 시인에게

오늘도 장수하늘소는 찾아오지 않는다

—「선달그믐」 전문

"비가悲歌를 쓰지 못한" 시인을 "비운"으로 보는 시각이 예사롭지 않다. 아직 씌어진 적이 없는 비가에 대한 자의식이 "장수하늘소"와 연동하면서 삶은 비극이며 그 비극을 시화하기 어려운 점을 토로한다. 천연기념물인 장수하늘소가 "찾아오지 않는다"는 것으로 보아 화자에게 도래하지 않는 시는 이제 희귀종처럼 그의 관념에만 웅크리고 있다. 있으나 없는 희귀종이 관념 속에만 있는 것처럼, 쓰는 경험으로 체화되지 않는 관념도 '있으나 없는' 것과 마찬가지다. 장수하늘소도 비가도 상상계에 속한 것이어서 화자는 상징 언어를 의지대로 운용하지 못하는 어려움을 토로한다.

"詩 한 편"을 "언 숲에 묻어두고" 싶어 하는 화자의 마음을 보건대 그는 극지까지 밀고 가는 언어를 희구할 뿐만 아니라 그것이 훼손되지 않고 보존되기를 바란다. 차갑고 투명하게 깨어 있는 언어, 날 선 듯 첨예한 의식을 동반하는 비가를 한 편도 쓰지 못한 자신에 대한 자책이 묻어나는 시다. 그러면서도 기대를 저버릴 수 없는 마음을 "선달그믐"에 실어낸 시인의 의도만은 선명하게 다가온다. 달이 차면 기울듯이, 기운

달은 다시금 차오르는 순환의 주기에 놓인다. 따라서 그믐은 그믐이기만 한 것이 아니며 만월을 향한 진보, 만월에 이르면 다시금 비워낼 준비를 해야 하는 '변화'가 필연인 도정이다.

아직 비가를 쓰지 못했다는 화자의 고백은 삶이 비극이라는 점에 연원을 둔다. 『시학』에서 아리스토텔레스는 비극이 본연의 형식을 정립하게 되면서 발전도 정지되었다고 썼다. 그러면서 비극을 한 시대의 예술로 한정 짓는다. 물론 이때의 비극은 극drama 형식을 이르고, 우리가 생각하는 비극이란 건 비극 같은 삶에서 파생되는 정념에 근간을 둔다는 점에서 어원상 상당히 다르다. 하여 인간의 역사에서 비극이 사라진 적은 없다고 우리는 생각하게 된다. 비극은 우리의 삶 깊숙이 침윤된 채 부단히 증폭한다. 누구든 예외 없이 삶 자체의 비극성에 포섭되어 있기에 그것을 매우 주관적으로 말하게 되고, 시인의 비극 말하기는 비극과 거리를 두고서야 독백이나 비명·아우성이 아닌 대화적 말하기로 진정한 내면을 개시할 수가 있다. 만연한 슬픔에 대면했을 때 시인의 부재를 말하는 위의 시는 그것을 온전히 언표할 수 없는 언어의 한계, 슬픔의 실체를 설령 안다고 할지라도 표현할 길이 막막한 세태를 반영한다. 하여 그에게 비가는 천연기념물로 지정된 장수하늘소의 도래를 기다리는 것만큼이나 불가능의 영역에 놓여 있다.

촉석루矗石樓 떠돌던 타령꾼이 있었다

거렁뱅이도 같고 투덜투덜 허튼소리나 해대는 투덜이도 같은데 들어보면 통 들을 구석 없지도 않은 사내의 말인즉, 논개바우에 앉아서 지리산 쌍계곡雙溪谷 수박 향 난다는 은어 물장구치는 소리라도 들을 줄 알아야 시인이지, 진주난봉가 부르는 아낙네 소릿결도 읽을 줄 모르면서 문장을 한다고…… 쯧쯧!

화들짝
놀라 깨어보니
한 줄기 바람만 둥둥

—「바람 노래—난중일기 37」 전문

백일몽의 내용을 자동기술하는 시다. 타령꾼이 시인의 자질을 풍자하는 이 시에서 풍류객과 시인은 구별되지 않는다. 행색은 거렁뱅이요, 허튼소리와 투덜대기로 일관하는 그가 시인의 자질을 문제 삼는다. "은어 물장구치는 소리"에 배인 생명의 은어隱語에도 무지하고, "난봉가 부르는 아낙네 소릿결"에 배인 에로티시즘도 모르면서 문장을 다루는 시인에게 타령꾼이 일설을 풀어내면서 일침을 놓는다. 화자가 꿈속에서 들은 저 음성은 타령꾼에 투사된 자기 안의 목소리라 해도 무방하다.

어설픈 가객인 "또랑광대"를 빌어 시인이 벌이는 「또랑광대의 노래—난중일기 42」에서 대사회적 풍자의 목소리는 판소리 한마당의 사설처럼 들린다. 이 시에서 시인의 관점은 꿈조차 꿀 수 없을 만큼 신분에 제한을 두는 세태에 맞춰져 있다. 시도 사랑도 인생도 "넘지 못할 경계"가 있다면서 또랑광대가 사회 풍자를 이어간다. 판소리 사설 형식을 빌어 말하는 여기서 국창과 또랑광대의 신분 차이는 너무나 극명하다. 하지만 그에게는 "어전광대 흉내" 내기로 스스로 신명을 올리고, "외줄 타고 재담하는 엿판 굿판 너름새에 목청껏 외쳐보는 애호박 단호박 같은" 자의식으로 할 소리 못할 소리를 지껄여댈 수 있는 자유가 있다. 국창을 꿈꾸지만 "못 배운 광대 집안" 출신에게는 꿈을 품는 일조차 고역이기에 차라리 꿈의 형벌을 거두어 버리기로 한다. 국창을 흉내 내지만 정작 국창은 하지 못할 소리들을 풀어내면서 또랑광대는 대사회적 풍자의 말인 재담을 유포한다.

어설픈 광대로 살아가면서 꿈의 무용론을 말하는 위의 시에는 꿈꾸기마저 희망고문이 된 신분제 사회를 비판하는 목소리가 실려 있다. 다행인 것은 국어가 있어서 화자는 미숙하게나마 "한 세상 글줄이라도 쓰며 살"(「나랏말싸미—난중일기 46」)아갈 수가 있다. 하지만 이 같은 안도도 영원한 것은 아니다. 상상력을 지원하는 칩이 가까운 미래에 시인의 몸에 심어질지도 모를 일이다. 꿈 연상으로 자동기술을 해나갔던 전통적인 시인이 미래에는 의사가 생체에 심어준 칩에 의해 자동기술을 하는 시인-사이보그 결합체가 된다는 예견은 결코 가상에만 그치지 않을 것이라며 시인은 염려를 보탠다.

시심詩心 바닥나 의사와 면담했더니

상상력 칩 하나 몸에 심어 주더군

의술의 혁명적 진화, 예견된 시인의 미래

—「인공지능—난중일기 50」 전문

이 시는 과학기술이 인간을 통제하는 시대를 예견하면서 그것이 인간의 상상력을 기만하는 경우를 들려준다. 시인의 언어를 정립하는 것이 시인의 인식이 아닌 외부에서 삽입된 칩이다. 이것을 시인 본연의 1차 상상력을 기만하는 2차 상상력이라 해야 마땅할 테다. 부단히 진보하는 과학기술이 상상력과 언어까지도 주재하는 능력으로 시인의 말을 생동케 할지 그것을 교란할지 하는 시인의 문제 제기는 이미 낯설지가 않다.

만연한 재난을 경유하면서

준비되지 않은 자에게 변화의 계기는 가혹하게 닥쳐든다.

더구나 아주 급격한 변화일 때는 이전 방식의 삶은 의심의 대상이거나 버려야 할 것이 된다. 새로운 삶의 양식을 마련해 가야 하는 일이 곧장 '이후'의 삶으로 이어질 때 이전의 삶은 이미 낡은 것이 된다. 팬데믹 종료 이후 코로나19 경험을 녹여냈을 이 시집에는 3년여 지속된 위험과 공포의 순간들, 한 세기를 생존하기 어려운 인간의 수명으로 미루어 '세기적'이라고 해야 할 경험들이 녹아 있다. 누구나 그 경험을 말로 할 수 있지만 이 기간에 이달균 시인은 글을 쓰는 주체로서 언어와의 고투를 그의 과업으로 이어온 셈이다.

시인은 어느 날 갑자기 지상에서 사라져 버린 우리 곁의 사람들을 호명하지 않고 현상 위주로 이 사태를 기술한다. 3부와 4부에는 부제목으로 붙인 "난중일기 20"부터 50까지의 연작이 실려 있다. '난중'이 전쟁을 방불케 하는 '재난'의 다른 이름으로 읽히는 이유는, 팬데믹을 경유해 오는 동안 직면한 숱한 죽음 사건들이 여기에 개입해 있어서다. 충무공 이순신의 난중일기[1)]를 차용한 난중일기 연작에서 첫 작품이 "역병"이 모티프인 것만으로도 시인의 의도를 충분히 간파할 수 있다.

---

1) 『난중일기』는 임진왜란 발발 넉 달 전에 이순신이 진중에 배치되어 임전 태세를 갖춘 시기인 1592년 1월 1일부터 1598년 11월 17일까지 약 7년 간의 일기로, 40여 차례의 해전을 승리로 이끈 기록이 담겨 있다. 임진왜란과 관련한 이순신의 유일한 기록물로서 중요한 사료다.

통제공 분부대로 천기 살펴보니

사람 일이야 밤낮으로 방비하여 귀선龜船, 판옥선板屋船 채비도 튼튼하고, 군량이며 화살촉도 착실히 쟁여두어 한 시름 놓았으나 무릇 근심됨은 경자년 하늘 드리운 어둡고 습한 기운, 대국에서 비롯되어 황하 건너뛰어 봉쇄령에도 아랑곳없이 기세 외려 등등하니 이 난이 진정 난중의 난이 아닐까 시름 깊어지옵니다

봄 가고 다시 두 계절, 천지간이 구름입니다

—「역병—난중일기 20」 전문

시적 현실에는 "대국", 즉 중국에서 발생한 역병이 "봉쇄령"을 뚫고 침입해 있다. "이 난이 진정 난중의 난"이라는 언명으로 시인은 전란 상황과 다름없는 역병의 내면을 들춘다. 비축해 둔 군량으로도 화살촉으로도 역부족인 정황에 봄부터 가을까지 역병이 창궐하면서 장기전을 예감케 한다. 온갖 방비책을 무력하게 할 만큼 "기세 외려 등등"한 역병의 파상공세에는 제아무리 최첨단 무기라 할지라도 무능한 대적자에 그친다. 다음 시에서 보듯이 전쟁터를 방불케 하는 현장에서 임금이 체면을 구기면서 선포하는 현실 처방은 의외로 마스크를 쓰라는 것이다. 권위자로서 근엄하고 어려운 말을 그럴싸

하게 하지 않고 "입마개" 처방을 내린 것이다. 둔중한 무기로 상대를 공격하지 않고 얄팍한 입마개로 방어선을 구축해야 하는 개인은 "묻지도 따지지도 말고" 자발적으로 자기 수호의 일선에 서야 한다. 그럼에도 이 전쟁은 보이지 않는 적과의 동침이자, 예측을 불허하는 적과의 싸움이라는 점에서 피할 곳이 달리 없는 현실이다.

오늘도 화급한 마차 요란히도 달려간다

혜민서 의원들은 동의보감東醫寶鑑, 의방유취醫方類聚……
온갖 의서 펼쳐놓고 궁리란 궁리 다 했으나 묘약은커녕 이
렇다 할 묘책 없어 발 동동 구르는데 환자는 늘고 의녀醫女
도 모자라 겨우 처방이라 내놓은 것이 임금 체면에 도시
입에 올리기도 민망한 칙서라니

"묻지도 따지지도 말고 입마개를 하시오."

—「칙령勅令—난중일기 21」 전문

그런데 이 같은 돌림병은 사람에게만 닥치지 않는다. 소나무에도 역병이 창궐하기는 마찬가지다. "아름드리 장송을"(「장송長松의 말—난중일기 29」) 죽이는 "재선충"은 기세등등한 돌림병이다. 인간 세계를 포위한 역병은 사람 간에 거리를

벌려 위험을 분산할 수 있으나 스스로 이동이 불가능한 나무는 태어나고 죽는 자리가 동일하다. 자신이 죽음으로써 역병이 번지는 것을 막을 수 있다면 장송은 "눈 밝은 최 목수"에게 최후의 순간을 맡기겠노라며 눈물 어린 의지를 마음에 다져 넣게 된다. "죽음으로 지키리라"는 결기 어린 결구에서 보듯이 이 목소리는 절명의 순간에도 구국의 대열에 서고자 한 충무공의 죽음의식과 유사한 점이 있다. 이렇듯 이 시에는 자신이 기꺼이 죽음으로써 지켜낼 수 있는 시대적 안위에 관한 통찰이 녹아 있다.

열린 생각과 아포리즘

이달균 시에서 보듯이 삶의 지혜를 녹여낸 아포리즘도 시조의 형식을 입혀 전달하기에 최적의 장르다. 살아오면서 얻은 지혜를 삶에 적용할 뿐만 아니라 현재의 잠재성이 미래의 가능성으로 이어지는 지점을 아포리즘의 시는 열어 보일 수 있다. 중심/변두리의 이항 대립 체제에서 "슬그머니 가장자리로" 비켜서는 이는 "꽃들이 왜 숨어 피는지"(「가장자리—난중일기 27」) 그 이치를 알아 가는 과정에 있으며, 극우성향/극좌성향 간 대립을 "비빔밥"처럼 버무려 내어 "화기 애매하게 밥을 먹는"(「비빔밥—난중일기 51」) 구도는 양극에 배치된 갈

등 요소를 이분하는 빗금(/)을 걷어냈기에 가능하게 된다. 철옹성을 허물어 상호 넘나들기로 교섭의 긍정성을 마련해 가고 싶지만 아직까지는 "화기 애매"한 분위기이며 그렇다 할지라도 "화기 애애"를 조성해 가는 과정임은 분명해 보인다. 이런 점은 다음 시에서 한층 구체적인 묘사로 심화된다.

> 나는 잡목이다 잡초밭에 벌로 자란,
>
> 잔가지 쉴 새 없이 꼬드기는 남실바람
>
> 치마를 들었다 놨다 이 손장난을 어찌할꼬?
>
> 좌로 불면 좌로 쏠리고 우로 불면 우로 쏠리는
>
> 제맛을 갖지 못한 잡탕들의 조리돌림
>
> 원근의 왼갖 잡새들 지지배배 놀다 간다
>
> —「잡목—난중일기 31」 전문

이 시에서는 온갖 잡스러운 생명체들이 시인의 부름을 받는다. 잡목·잡초·잡새 등 "잡탕들"이 그 장본인이다. 바람 잘 날 없는 나뭇가지의 고난을 좌편향/우편향으로 사유하는 여기서 눈여겨볼 부분은 "원근의 온갖 잡새들"이 놀다 가는 "잔가지"와 잡목의 존재감이다. 비유로 가능한 말하기에서 시인이 구사하는 편향적인 인간의 면모는 한쪽으로 편중된 나뭇가지의 움직임이 바람의 영향인 것처럼 나타나는 증상이다. 하여 시인은 어우렁더우렁 살아가는 생명체들의 유연한 삶은 고고한 삶에 비견될 수 없는 가치를 지닌다는 점을 역설한다. 약한 자일수록 위험에 취약하므로 무리를 이루어 서로 연합하면서 위험에 대처하고, 작은 힘들의 유대로 큰 힘에 맞서기도 한다.

이렇게 볼 때 이 시집은 현시대의 모든 취약성들을 사유하면서 이것을 과거와 왕래하는 기법으로 묘파하고 있기도 하다. 특히 난중일기 연작에서 보인 과거-현재의 대화 관계는 현대시조가 지녀야 할 덕목을 두루 갖추고 있다. 머뭇거리지 않고 직설화법을 구사하는 듯한 시에서 우리가 가슴이 트이는 경험을 하게 되는 건 시인이 우리를 그곳으로 이끌어 실제 경험해 보도록 그 세계를 열어놓고 있어서다. "한 번쯤은 하늘에서 길을 잃어보라//전설이 되고 싶다면 너의 객석을 향해//거울을/던져버리"(「북극성」)라는 언명은 욕망의 화신인 자아를 성찰하게 한다. 무대의 중앙으로 대중의 시선을 끌어모으는 삶의 기획에 집중하는 자들에게 시인이 건네는 아포리즘은 이렇듯 꾸밈이 없다. 우리는 이를 진정성의 문학이라 칭하며 혼돈스러운 세상을 살아갈 힘을 얻는다.

현대시는 흔히 해석의 어려움을 안긴다. 문명사회 속의 인간 감정과 의식을 단선적으로 담아내는 어려움이 난해시를 만든다. 현대시조는 어떠한가. 형식은 단조로우나 생동하는 우리말의 운율을 살리면서 가독성과 전달력을 높인다. 이 시대인의 정서를 생기 넘치는 언어에 실어낸 이달균 시는 위험한 현실 속에서 고투하느라 지친 우리에게 다시 일어설 힘을 불어넣는다. 활달한 정서에서 건강한 시언어가 태어나고, 시조의 힘은 시인의 기능적인 언어가 아닌 삶을 대면하는 그의 진정한 마음에서 우러나온다.

가히 시인선 003

달아공원에 달아는 없고

초판 1쇄 인쇄 2024년 5월 2일
초판 1쇄 발행 2024년 5월 8일

지은이 이달균
펴낸이 김석봉
디자인 헤이존
펴낸곳 문학의전당
출판등록 제448-251002012000043호
주소 충북 단양군 적성면 도곡파랑로 178
전화 043-421-1977
전자우편 sbpoem@naver.com

ISBN 979-11-5896-644-7 03810